EDITION
HERZKERSCH

ACH, MEI HERZ-KERSCH!

Auf Pfälzisch lässt sich alles sagen. Aber nicht alles geht leicht über die Lippen. Während die Sprache der Pfälzerinnen und Pfälzer mehr Schmäh-, Schimpf- und Uzwörter produziert als eine Großbäckerei voller Streuselkuchen „Riwwele" reibt, geht es in Liebesdingen etwas ruhiger zu. „Moin Liewer!" oder „Ach, Liewes!" sind schon nahe dran am höchsten der Gefühle – und diese Ausrufe werden mindestens genauso häufig als Anreden unter Bekannten oder Kollegen verwendet wie unter heiß und innig sich Liebenden. „Saach emol Liewes, hoscht du kä Druckerpatrone bestellt?"

Das mag an der Raubauzigkeit des Dialekts liegen – womöglich aller Mundarten –, vielleicht aber auch am Wesen der Menschen oder – wer weiß? – am viel zu guten Wetter in der Region. Awwer Owwacht! Vielleicht hat die Zurückhaltung, was zarte Worte angeht, einfach damit zu tun, dass Pfälzerinnen und Pfälzer in Liebesdingen gar keine Worte brauchen?

Die „Herzkersch" ist eine wunderbare Ausnahme. Im Hochdeutschen wird das Wort für eine wohlschmeckende, herzförmige Steinfrucht verwendet. Im Pfälzischen dagegen ist sie zu einem der größten, wenn nicht gar dem höchsten sprachlichen Liebesbeweis geworden. Das wies die „Rheinpfalz am Sonntag" empirisch nach, als die Leserinnen und Leser die „Herzkersch" auf Platz 5 der schönsten Pfälzer Wörter wählten – hinter „alla", „Noischlubb-schlabbe", „Dibbelschisser" und „ebbes" übrigens, was, seien wir ehrlich, nicht gerade erotische Stimmungsbringer sind. „Zuggerschnuut" (Platz 17) und „Schnuggelsche" (Platz 19) haben es immerhin noch in die Top 20 geschafft.

Was liegt also näher, als diesen großen Pfälzisch-Test in 50 knackigen Fragen der „Herzkersch" zu widmen und damit dem leidenschaftlichsten aller pfälzischen Wörter? Machen Sie mit und finden Sie heraus, ob Sie eine ultimative Pälzer Herzkersch sind!

Viel Spaß, Ihr Liewe!

DER ULTIMATIVE TEST →

?

DIE AUFLÖSUNG →

DIE AUSWERTUNG →

DER TEST

?

Starten wir mit einer leichten Frage ins Pfälzer Speed-Dating. „Die Zwää bussieren" heißt ins Hochdeutsche übersetzt:

?

Sie geben sich Begrüßungsküsschen auf die Wange.

Sie „gehen" miteinander (nicht zu Fuß, sondern als Paar).

Sie fahren mit dem Bus.

?

11

Jetzt wird's schon etwas schwieriger, weil wir nach einem nur noch selten gebrauchten Wort fragen. „Des isch de gadding Mann fer dich" bedeutet:

 A Er ist der Richtige.

 B Er ist der Falsche.

 C Er ist zu gut für dich.

 D Du bist zu gut für ihn.

 E Er hat dir gerade noch gefehlt.

Das Pfälzische ist voller seltsamer Wörter (sagen Hochdeutschbabbler) oder voller origineller Begriffe (sagen die Pfälzer). Wenn Pfälzerinnen oder Pfälzer sich „eigedulft" haben, dann ...

?

 A halten sie sich versteckt.

 B haben sie sich stark parfümiert.

 C haben sie sich großzügig mit Lebensmitteln eingedeckt.

Wer „fer en Klicker un en Knopp schafft", ...

?

 arbeitet als Schneider.

 handelt mit Murmeln.

 verdient wenig Geld.

 malocht bis zur Erschöpfung.

**Pfälzisch ist nicht einfach nur Pfälzisch.
Die Sprache ist auch ein Spiegel der
Pfälzer Geschichte. Woher stammt
das häufig verwendete Wort „schofel"?**

A Aus dem Lateinischen

B Aus dem Jiddischen

C Aus dem Sanskrit

D Aus dem Finnischen

16

Seltsame Wörter, Folge, ähm ..., 311 oder so. „Alleritt" und „allegebott" bedeuten ...

?

 A   immer wieder.

 B   immer seltener.

 C   immer zum falschen Zeitpunkt.

**Frühlingsgefühle wie einst im Mai?
Nicht so schnell, liebe Pälzer Herzkersche
und alle, die es werden wollen!
Was haben Westpfälzerinnen und
Westpfälzer vor, wenn sie „maje gehen"?**

 A   Sie mähen den Rasen.

 B   Sie bedienen einen Mähdrescher.

 C   Sie halten ein langes Schwätzchen.

 D   Sie gehen zum Maifest.

 E   Sie warten bis morgen.

Dieser Mann ist so etwas wie ein Held. Wer in der Pfalz den „Hilbert" kennt, ...

?

A ist belesen.

B vergisst unter keinen Umständen, dass man (auf dem Weinfest) das Schoppenglas nach dem Trinken sofort an den Nachbarn weiterreicht.

C ist ein Fußball-Fan.

D kommt in der Welt herum.

Nicht nachlassen, jetzt wird's nämlich speziell. Ein Pfälzer oder eine Pfälzerin sagt: „Alla hopp." Was kann damit eher nicht gemeint sein?

 A Der Herr sei mit dir!

 B Lass es gut sein.

 C Bewegt euch ein bisschen, ihr lahmen Krücken!

 D Ich denke, wir können die Diskussion als beendet betrachten.

 E Bis dann.

Wie die vorige Frage zeigt, nehmen Pfälzer sprachlich nicht immer den direkten Weg. Das gilt allerdings auch für die Fortbewegung. Wer „mit de Ker(s)sch ums Dorf" fährt, ...

?

A macht einen Umweg.

B besucht eine Freiluftmesse.

C sucht eine Umgehungsstraße.

D bringt Gottes Wort in alle Welt.

E wandert, eine Schubkarre schiebend, um einen Ort herum.

Jetzt wird's physikalisch. Was geschieht, wenn eine Pfälzerin etwas „schuggt"?

 A Sie lässt etwas zu Boden fallen.

 B Sie wirft etwas in weitem Bogen weg.

 C Sie wirft etwas, um jemanden zu treffen oder „abzuschießen".

 D Sie wirft etwas gezielt zu.

Kein Pfälzisch-Test ohne angemessene Würdigung der Redensarten rund um Speis und Trank. Beenden Sie bitte diesen Satz:

„Liewer die Gorchel (oder: de Maache) verrenkt wie ...

?

 A an die Oma gedenkt.“

 B en Traktor gelenkt.“

 C e Tretboot versenkt.“

 D em Wirt was g'schenkt.“

 E de Hals verrenkt.“

Die Liebe hält nicht immer ganz, was sie verspricht. Dann heißt es: „Du gehscht mer uff de Seiher!" Mit welchem alternativen Ende kann dieser Pfälzer Spruch nicht (!) versehen werden, ohne die Bedeutung zu verändern? „Du gehscht mer ...

 A uff die Erbs!"

 B uff die Makron!"

 C uff de Senkel!"

 D uff de Worschtmarkt!"

 E uff die Nerve!"

?

25

**Auch ein Versprechen: Kein Pfälzisch-Test
ohne schöne Schimpf- und Schmähwörter.
Wen oder was bezeichnen Pfälzer abfällig
als „Labbeduddel"?**

A   Einen Blasmusiker

B   Einen Bewohner Nordfinnlands

C   Eine Putzhilfe

D   Eine Trantüte

Zwei der folgenden Pfälzer zeichnen sich vor allem durch schlechte Umgangsformen aus. Welcher nicht?

?

 De Hewwel

 De Wolldowe

 De Bossler

Können Sie eigentlich noch?
Oder sind Sie gar nicht mehr zu bremsen?
Die pfälzische Redewendung
„ferdich wie e Rieb" bedeutet ...

?

 erschöpft.

 pünktlich.

 beendet.

 schnell zubereitet.

Die Pfalz grenzt an Frankreich, wie das Pfälzische immer wieder beweist. „Es Hussjee" oder „de Hussjee" ist für Pfälzer ...

?

A ein kleines Haus am Waldrand.

B der Gerichtsvollzieher.

C ein Hausmacher-Fleischgericht.

D ein Hustenbonbon.

E ein unbewachsener Hügel.

Wer „Umuß" macht, ...

A   kocht Obst ein.

B   schichtet den Kompost um.

C   beschert jemandem viel Arbeit.

D   spielt ein Instrument schlecht.

Wer „driwweliert", ...

 A kommt nur in Trippelschritten voran.

 B drängt zur Eile.

 C winkt von der anderen Straßenseite.

 D pfeift laut.

Wer „de Bettel hieschmeißt", ...

A füttert das Vieh.

B lässt etwas fallen.

C fängt mit jemandem Krach an.

D tritt aus der Kirche aus.

E gibt ein Amt oder eine Aufgabe auf.

So ganz grob in der Mitte des Tests
wäre ein kleiner Snack angebracht, oder?
Was ist oder sind „Riwwel(es)kuche"?

 A Reibekuchen (Kartoffelpuffer)

 B Kuchenreste

 C Karottentorte

 D Streuselkuchen

„Rutsch mer de Buggel nunner!", sagen die Pfälzer, wenn sie auf etwas pfeifen oder wenn sie ihr Missfallen ausdrücken. Welcher weniger bekannte Spruch hat dieselbe Bedeutung?

?

 A Pänn mer die Gäns!

B Schenk mer die Gääs!

C Verkaaf mer die Schoof!

D Leih mer die Hinkel!

E Klau mer die Ochse!

Nr. 23

**Warum kommt uns bei dieser Frage
das Spiel „Monopoly" in den Sinn?
Wer in den „Kascho" oder in den „Bolles"
kommt, landet im ...**

 A Kittchen.

 B Ferienlager.

 C Clubhotel.

 D Sternelokal.

Herzkersche, uffgebasst! Wir sind bei einem der schönsten Pfälzer Sprüche überhaupt angekommen. Was meint eine Pfälzerin oder ein Pfälzer sinngemäß, wenn der paradoxe Satz fällt: „Kumm, geh fort!"

?

 A Nur wer Abschied nimmt, kann auch wieder zurückkehren.

 B Bevor du verreist, schau doch nochmal bei mir rein.

 C Es zerreißt mir das Herz, aber wir müssen uns trennen.

 D Bleib mir vom Leib mit dieser beknackten Idee.

**Nicht zwingend ein Held ist dieser Typ.
Als „Bettsää(s)cher" kann man
in der Pfalz höchst Unterschiedliches
bezeichnen. Welche Bedeutung hat das
Wort jedoch <u>nie</u>?**

?

 A Feigling

 B Bettnässer

 C Schreiner

 D Löwenzahn

Und noch mehr Spannendes
aus dem Pfälzer Vokabelheft:
Wenn etwas „verschammeriert" wurde,
ist es ...

A verlorengegangen.

B zerkratzt worden.

C unter Wert verkauft worden.

D auf Zimmertemperatur erwärmt worden.

E unter den Tisch gekehrt worden.

„Googelich" bedeutet ...

A überdimensioniert.

B geliehen.

C im Internet gefunden.

D wackelig.

E hanebüchen.

Manche Wortbildungen im Pfälzischen können Hochdeutschbabblern Schweißperlen auf die Stirn jagen. Eine der nachfolgenden Lösungen ist allerdings tatsächlich eher nicht gebräuchlich.

?

 A   zueni Dier

 B   abbe(en)r Arm

 C   weg(en)er Zuch

Der Spruch „Mach kä so e Schibbsche!" bedeutet:

A Zieh keine Schnute!

B Hör auf zu grinsen!

C Guck nicht so dumm!

D Mach die Schaufel nicht so voll!

E Mach keinen Aufstand!

F Gib mir eine größere Portion!

Ein „prank" ist im Englischen ein deftiger Streich. Aber keine Sorge: Die Pfälzer „Brenk" ist etwas völlig anderes.

A Eine kleine Brücke

B Ein brachliegender Acker

C Ein großer Topf

D Eine Metallwanne mit zwei Henkeln

E Ein Kerweumzug

F Die Tatze eines Bären

**Sind Sie schon richtig in Fahrt?
Mit dieser Frage klappt's bestimmt.
Die Redensart „Es laaft wie's
Lottsche" bedeutet:**

A Es geht gut voran.

B Ich habe Durchfall.

C Das Kind bewegt sich wie seine Tante Lotte.

D Es regnet in Strömen.

?

**Grundkurs Pfälzer Anatomie:
Bei welchem Vorgang verlässt Flüssigkeit
den Mundraum nach außen?**

?

A Beim Schlecke

B Beim Schlorbse

C Beim Säwre

D Beim Schlutze

Ein „Spitzklicker" ist ...

?

A ein Profifotograf.

B ein Meister im Murmelspiel.

C ein Schlitzohr.

D ein Hundefänger.

E ein Nagelknipser.

F ein sexuell erregter Mann.

Die Redensart
„Gebutzt wie's Käddel (oder: Kättsche) am Feierdaag" bedeutet:

?

 A Hier hat jemand mit Heißhunger seinen Teller leergegessen.

B Hier hat jemand mit großer Energie seine Wohnung gereinigt.

C Hier hat jemand seine besten (oder auffälligsten) Klamotten angezogen.

Ein „Mollekopp" ist ...

?

A eine Kaulquappe.

B einer, der „den Molli macht".

C ein Mensch mit verbundenem Schädel.

D ein Nachtfalter.

Jetzt greifen wir mal ganz tief
in die Mottenkiste. Was bedeutet das
altertümliche, aus dem Französischen
stammende Wort „Bottschammber"?

  A Nachttopf

  B Zimmerservice

  C Kleinteiliger Schrott

  D Hausfreund

  E Unsinn

**Vorspeise gefällig? Ja, aber ...
Wenn Pfälzer eine Suppe als „hannich"
bezeichnen, dann ist sie ...**

?

 zu dünn.

 zu dick.

 zu kalt.

 zu salzig.

Wenn eine Pfälzerin „de Lääde (oder: de Lääre) hot", dann ...

 A hat sie die Leitung übernommen.

 B hat sie keine Lust mehr.

 C ist sie krank.

D ist sie mit einem Mann aus Lettland verheiratet.

Welches Wort
passt hier nicht?

?

 A Brabbel

 B Bäbbel

 C Babberatsch

 D Babb

 E Babbe

?

„Simulieren" mal ganz anders. Was tun Pfälzerinnen und Pfälzer, wenn sie „simmelieren"?

?

 Sie übersetzen simultan.

 Sie grübeln.

C Sie lesen einen Schmöker.

D Sie geben Handzeichen.

Und da wir gerade bei „ganz anders" sind: Warum nehmen manche Pfälzer zuweilen ihren „Debbich" mit ins Bett?

A Weil sie Angst haben, das gute Stück könnte ihnen geklaut werden.

B Weil ihnen ihre Matratze zu weich ist.

C Weil das Wort „Debbich" in der Pfalz mancherorts „Decke" bedeuten kann.

D Weil sie sich keine Bettdecke leisten können.

Welche der folgenden Personen ist nicht zwingend schlecht gelaunt?

 A Knodderer

 B Griwwelbisser

 C Seldefrehlich

 D Dollbohrer

 E Gnäwwrer

 F Motzer

„En Schliwwer" oder „en Schliffer" ist dasselbe wie ...

A „en Spreisel".

B „en Dummbabbler".

C „en Schloofkopp".

D „en Babbsack".

E „e Schleifmaschin".

F „en Menscheschinner".

**Eine der folgenden Redensarten gibt es
im Pfälzischen nicht. Welche ist das?
„Mach blooß (oder: norre) kä ...**

?

 A   Schnäggedänz!"

 B   Fisimatente!"

 C   Ferz!"

 D   Zeich!"

 E   Dokes!"

 F   Mengenkes!"

Was kann das pfälzische Verb „schoore" nicht bedeuten?

A scheren

B stehlen

C umgraben

D an Land gehen

Die Redensart „Des kannscht (grad) mache wie en Dachdecker!" bedeutet auf Hochdeutsch:

A Versuch's erst gar nicht!

B Du hast hier die Chance, dein inneres Gleichgewicht zu finden.

C Du solltest endlich einmal ein Risiko eingehen.

D Es ist (mir) egal, ob du das auf diese oder auf jene Weise erledigst.

E Wer hoch hinaus will, fällt tief.

Es heißt, Pfälzerinnen und Pfälzer würden viele Worte machen. Das stimmt nicht immer. Welches Wort kann ganz allein die Wendung ersetzen: „Satz mit X – war wohl nix"?

 A Dachfenschter!

 B Peifedeckel!

 C Hutschachtel!

 D Kloberscht!

 E Nachttischschublaad!

Wenn es in der Pfalz heißt „Es geht nauszus", ist damit meistens gemeint:

?

 A Wir verlassen das Haus.

 B Wir verlassen die Stadt.

 C Der größte Teil des Winters liegt hinter uns.

„Der hot ganz schää de Ruß!"
bedeutet: Der Betreffende ...

 A   ist ziemlich schmutzig.

 B   hat einen verstopften Kamin.

 C   ist ein Raser.

 D   hat eine starke Erkältung.

 E   war zu lange im Solarium.

Fast geschafft. Zur Belohnung noch eine ganz harte Nuss: Wer etwas „fer paseltan" oder „fer bassledon" tut, der oder die …

 A tut das zum Zeitvertreib.

B erledigt die Aufgabe widerwillig.

C ist voller Begeisterung bei der Sache.

D hat sich vergeblich bemüht.

AUFLÖSUNG

!

Nr. 1

Wenn zwei Menschen relativ frisch
ein Paar sind, dann „bussieren" oder
„poussieren" sie. Es gibt auch Sätze
wie: „Wu huggt er dann widder?" –
„B'stimmt bei seine Bussaasch!"

Nr. 2

Das selten gebrauchte Wort
„gadding" oder „gaddings" bedeutet „passend" oder „genau richtig".
Es wurde (oder wird noch) gerne
benutzt, um ungefragt passende
oder unpassende Bemerkungen zur
Partnerwahl zu machen.

Nr. 3

Wer sich „eidulft", hat
ein bisschen (oder auch deutlich)
zu viel Parfüm am Leib.

Nr. 4

Wer sinnbildlich für den Gegenwert
einer Murmel („Klicker") und eines
Knopfs („Knopp") arbeitet, tut dies für
einen geringen Lohn.

Nr. 5 →

Das Wort „schofel"
für „mies" oder „gemein" ist aus
dem Jiddischen entlehnt.

Nr. 6

„Alleritt" und „allegebott" stehen für
„immer wieder". Beispiel: „Allegebott
gebt's Ärcher mit dir!"

73

!

Nr. 7

Wer „maje geht", ist auf dem Weg, ein
Schwätzchen zu halten. Gebräuchlicher
als „maje gehe" ist „retsche".

← Nr. 8

„Kennscht de Hilbert?" lautet die
sarkastische Frage, wenn jemand in
geselliger Runde das Schoppenglas
nicht weiterreicht. Auf die Gegenfrage
„Nä, wieso?" erhält man die Antwort:
„Der hot getrunke und weitergewwe."
Ob dieser Brauch auch nach Corona
zelebriert wird, ist offen.

Nr. 9

„Alla hopp" kann sehr, sehr Vieles bedeuten, mit Gott oder Allah hat das Wort „alla" allerdings nichts zu tun. „Der Herr sei mit dir" ist also keine schlüssige Übersetzung für „alla hopp".

!

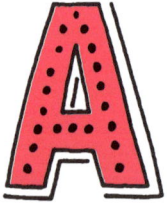

Nr. 10

„Mit der Kirche ums Dorf" ist eine verballhornte Pfälzer Beschreibung eines unnötigen Umwegs.

Nr. 11

„Schugge" bedeutet „gezielt –
und einigermaßen sachte – zuwerfen",
so dass der oder die andere den
Gegenstand gut auffangen kann.

Nr. 12

Als Ausrede, die Flasche
(Wein/Bier/Schnaps) leerzutrinken, hält
dieser Spruch her. Denn: Lieber den
eigenen Magen oder die Gurgel verrenken,
als dem Wirt einen Rest zu überlassen.

Nr. 13

Die Aufforderung „Du gehscht mer uff de Worschtmarkt!" fällt hier inhaltlich völlig aus der Reihe – und ist zudem keine Redensart.

Nr. 14

Ein „Labbeduddel" (manchmal auch nur „en Labbe") ist ein Weichei oder eine Trantüte.

Nr. 15

Der „Bossler" ist ein Bastler.
Die anderen beiden Lösungsvorschläge
stehen für „Rüpel".

Nr. 16

„Ferdich wie e Rieb"
bedeutet erschöpft – wie
sinnbildlich eine (Zucker-)Rübe
nach der ziemlich radikalen Verarbeitung (köpfen, zerhacken, kochen).

Nr. 17 →

Der „Hussjee" ist der
Gerichtsvollzieher und stammt aus
dem Französischen: „l'huissier
(de justice)".

Nr. 18

„Umuß" ist das Gegenteil von „Muße",
bedeutet also viel (unnötige Arbeit)
oder gar Ärger.

!

!

← Nr. 19

„Driwweliere" – von lateinisch
„tribulare" für „plagen" und
„peinigen" – steht im Pfälzischen
meist für „(zeitlich) drängen".

Nr. 20

Wer „de Bettel hieschmeißt", hat die
Nase voll und „wirft hin".
Der „Bettel" stand einst für „Hab und
Gut" oder für „das Erbettelte", das
sinnbildlich jemandem vor die Füße
geworfen wird.

Nr. 21

„Riwwele" (von „zwischen den
Händen gerieben") sind Streusel auf
dem „Riwwel(es)kuche".

Nr. 22

Den Spruch „Pfände mir die Gänse!"
gibt es auf Pfälzisch tatsächlich.
Er geht darauf zurück, dass
Kleinvieh für den täglichen
Lebensbedarf einst nicht gepfändet
werden durfte.

Nr. 23

„Kascho" und „Bolles" (von französisch
„le cachot" und „la police") bedeuten
„Kittchen" oder „Gefängnis". „Bolles" kann
auch für „dicker Mann" oder
„Schutzmann" stehen.

Nr. 24

„Kumm, geh fort!" bedeutet
„Bleib mir vom Leib mit dieser
beknackten Idee!", „So ein Unsinn!"
oder „Das glaubst du doch
selbst nicht!".

Nr. 25

Ein „Bettsäächer" (von „sääche" für „urinieren") kann ein Bettnässer sein, die Pflanze Löwenzahn oder ein Feigling. „Bettsäger" für „Schreiner" ist mit dem Wort niemals gemeint.

Nr. 26

In „verschammeriert" steckt die Schramme. Das Wort bedeutet „zerkratzt" oder „beschädigt".

Nr. 27

„Googelich" (auch: „gaagelich")
bedeutet „wackelig" und bezieht sich
auf eine Sache: einen Stuhl, ein Gerüst
oder eine sonstige Konstruktion.

Nr. 28

De „abbe(ne) Arm" und die „zu(ene)e
Dier" oder „Deer" kommen im Pfälzischen
tatsächlich vor. „En wege(ne) Zuch"
(für „ein abgefahrerer Zug") würde man
eher nicht sagen.

Nr. 29

„Mach kä Schippche"
bedeutet „Zieh keine Schnute".
Eine vorgestülpte Unterlippe
sieht wie eine Schaufel
(pfälzisch: „E Schipp") aus.

Nr. 30 →

Hinter dem Wort „Brenk"
verbirgt sich eine große Zinkwanne
mit zwei Henkeln.

89

Nr. 31

Wenn etwas „laaft wie's Lottsche",
dann geht es flott und reibungslos
voran. Als Durchfall gilt eher der
„flotte Otto". Die „Flotte Lotte" ist
auch ein Küchengerät, mit dem sich
Gemüse passieren lässt.

Nr. 32

Beim „Schlecke", „Schlotze"
und „Schlorbse" tropft in der Regel
nichts aus dem Mund. „Sääwre"
(hochdeutsch „sabbern") ist
dagegen stets mit Sauerei und
Kleckerei verbunden.

Nr. 33

Ein „Spitzklicker" ist ein Schlitzohr oder Trickser auf Pfälzisch.

Nr. 34

„Gebutzt" steht hier weder für „putzen" noch für „verputzen", sondern für „herausputzen", also „schick machen".

Nr. 35

„Mollekopp" ist pfälzisch für
Kaulquappe. „Molles" oder
„Mollekopp" stehen manchmal auch
für „großer, dicker Kopf".

Nr. 36

Ein „pot de chambre" war
ein Nachttopf, als es noch keine
Toiletten in Häusern gab.

Nr. 37

„Hannich", ein nur noch sporadisch gebräuchliches Dialektwort, bedeutet „salzig" oder „versalzen". In Kallstadt zum Beispiel wird es manchmal noch verwendet.

Nr. 38

Wer „de Lääde hot", ist es leid.

94

Nr. 39

„Babbe" ist der Vater und damit
das Pendant zur „Mamme".
Alle anderen Begriffe stehen für
Schlamm oder Matsch.

← Nr. 40

Hier kommen Nichtpfälzer gerne
mal ins Grübeln. Wenn Pfälzer
„simmeliere" sagen, meinen sie
damit meist nicht „simulieren",
sondern „intensiv nachdenken".

Nr. 41

In manchen Teilen der Pfalz wird zwischen „Teppich" und „Decke" nicht unterschieden: Das Wort „Debbich" kann dort für beides stehen.

Nr. 42

Der „Dollbohrer" ist nur doof oder von sehr schlichtem Gemüt. Das Schimpf- oder Uzwort sagt nichts über die Laune aus, die der so Titullierte hat.

Nr. 43

„Schliwwer" und „Spreisel" sind beides Pfälzer Begriffe für einen kleinen Holzsplitter, der sich unter die Haut gebohrt hat.

Nr. 44

Alle anderen genannten Redensarten bedeuten „Mach keinen Unsinn". Der Spruch ergibt mit dem Wort „Dokes" für „Hintern" dagegen keinen Sinn.

Nr. 45 →

„Schore" kann im Pfälzischen „scheren",
„stehlen" oder „umgraben" bedeuten.
Mit dem englischen „shore" für „Ufer"
hat es nichts zu tun.

Nr. 46

Wer es wie ein Dackdecker
machen soll, der hat freie Wahl,
wie er eine Aufgabe angeht oder
erledigt. Dahinter steckt:
Dachdecker konnten sich früher
aussuchen, welcher Innung
sie angehören wollten.

!

← Nr. 47

„Peifedeckel!" heißt es in der Pfalz,
wenn etwas nicht geklappt oder
jemand keine Lust auf etwas hat.

!

Nr. 48

Wenn es „nauszus" geht,
naht der Frühling.

Nr. 49

Wer „(ganz schää) de Ruß hot",
ist erkältet (oder manchmal auch
betrunken). Der „Ruß" oder „Rußer"
ist ursprünglich eine Krankheit der
Schweine oder des Getreides.

!

Nr. 50

„Fer paseltan" tut man etwas,
damit die Zeit vergeht (von
französisch „passer le temps").

Frage	Lösung	Frage	Lösung	Frage	Lösung	Frage	Lösung
1	B	14	D	27	D	40	B
2	A	15	C	28	C	41	C
3	B	16	A	29	A	42	D
4	C	17	B	30	D	43	A
5	B	18	C	31	A	44	E
6	A	19	B	32	C	45	D
7	C	20	E	33	C	46	D
8	B	21	D	34	C	47	B
9	A	22	A	35	A	48	C
10	A	23	A	36	A	49	D
11	D	24	D	37	D	50	A
12	D	25	C	38	B		
13	D	26	B	39	E		

AUFLÖSUNG AUF EINEN BLICK

AUS WERT UNG

SIND SIE EINE PÄLZER HERZ-KERSCH?

PERFEKTI PÄLZER HERZKERSCH

Mei Herzkersch, mei herzgebobbeldi Zuggerschnuut!
Was für ein Feuerwerk an richtigen Lösungen! Ihnen sind
keinerlei pfälzische Besonderheiten und Absonderlichkeiten
fremd. Ihnen macht niemand „Raach in de Sack", denn
Sie wissen immer Bescheid, selbst wenn seltsame Wörter
und Wendungen nur noch im Dorf X gebräuchlich sind, und
zwar ganz hinten zum Wald raus, dritte Abzweigung links,
vierter Hügel von rechts. Wir können nur von Herzen gratulie-
ren und im Stehen Beifall klatschen.

PÄLZER HERZKERSCH MIT PRÄDIKAT

Gewidder, Feier! Direkt ins Herz! „Applaus, Applaus!", würde die Krott „Kermit" von den Muppets ins Publikum plärren. Sie haben es echt drauf, wenn es ums Pfälzische geht, und Sie sind von „alla!" bis „Zores" mit ganzem Herzen dabei. Sie wissen so gut wie alles, was die Sprache der Pfälzerinnen und Pfälzer betrifft, und ist Ihnen ein einzelnes Wort oder ein Spruch mal nicht sofort geläufig, so liegt Ihnen die Lösung doch auf der Zunge.

PÄLZER HERZ-KERSCH, ZIEMLICH KNACKIG

Voll in Ordnung, mein Liewer, mei Liewi, mei Liewes!
Im Pfälzischen kennen Sie sich aus wie in Ihrer Westentasche, auch wenn sich dort manchmal ein Zettelchen findet, von dem Sie keine Ahnung haben, wie es da hingekommen ist. Ein paar ganz spezielle Dialektausdrücke oder Redensarten können Sie auch mal in Verwirrung bringen, aber Sie wissen doch allezeit, wo es sprachlich langgeht. Und manchmal reicht es ja auch, wenn man nur so ungefähr versteht, von was die Ureinwohner da reden.

★

PÄLZER HERZKERSCH IM VERSUCHSAABAU

★

Jo, basst, Herzel! Mehr als die Hälfte der Antworten richtig, darauf lässt sich aufbauen. Die Fragen waren ja auch ganz schön schwierig. Ab und zu stehen Sie zwar mal in der Landschaft wie de Ochs am Berch, wenn Urpfälzerinnen und Urpfälzer so richtig ins Schwadronieren kommen. Aber was soll's? Sie kommen immer noch ganz gut durch und mit, wenn's im Dialekt zur Sache geht.

PÄLZER HERZKERSCH MIT KLÄNNE BLACKE

Hand uffs Herz: Grad so gepackt. Die „Pälzer Herzkersch"
in Ihnen braucht wohl noch ein paar Monate Sonnenschein
und sollte auch regelmäßig gegossen werden, wenn sie groß
und knackig werden will. Sie soll ja nicht zittern wie Espenlaub,
wenn ein echter „Haabuchener" neben ihr steht oder in der
Nachbarschaft ein paar „Hartrichel" gedeihen. Das Gute ist:
Was eine echte „Pälzer Herzkersch" ist, wird Sie immer an ihrer
Weisheit teilhaben lassen. Sie müssen nur fragen.

PÄLZER HERZKERSCH MIT WURM

E bissel halbherzig. Wir räumen ein: Die Kommunikation mit Pfälzerinnen und Pfälzern kann eine Herausforderung sein, wenn man viele Wörter und Redensarten nicht kennt. Hinzu kommt erschwerend, dass Pälzischbabbler nicht immer dazu neigen, andere zu Wort kommen zu lassen. Unser Tipp: Um diesen Babbeldrang zu durchbrechen, erfordert es gute Nerven und mehr als ansatzweise Pfälzischkenntnisse. Also: Nicht halbherzig, sondern immer fleißig „babble" üben!

E HERZKERSCH?
KARL, MEI
DROBBE ...!

Mit Leidenschaft dabei:

Das Können-Sie-Pfälzisch-Team

Michael Konrad – Autor mit einem Faible für Hawaiihemden

Uwe Herrmann – Karikaturist und ständig unter Druck

Beate Konrad-Hanika – Buchhändlerin und Mitbewohnerin des Autors

Anja Lippler – Verlegerin und Frau der Zahlen

Kai-Uwe Lippler – Verleger und Visionär

Nina Glanz – Designerin, wenn der Magen nicht knurrt

Stefan Hitschler – Designer mit Riesling in der Blutbahn

„Können Sie Pfälzisch?" – mit Pfälzer Legenden

Die „Herzkersch" ist nur eine von vielen Pfälzer Legenden. In jedem Band unserer Dialekttest-Reihe lassen wir eine andere hochleben: die „Babbelgosch", die wunderbar den pfälzischen Kommunikationsdrang verkörpert; den „Dibbelschisser", der alles mehr als genau nimmt und damit perfekt als Vorbild für sehr gewissenhafte Absolventen des Tests taugt; und in einer Sonderausgabe mit Schwerpunkt Fußball den „Fuddler", der (auch) durch seine technischen Fertigkeiten Legendenstatus erreicht hat. Alle Tests der Reihe „Können Sie Pfälzisch?" bieten wieder 50 erstaunliche Fragen und eine individuelle Auswertung.

Können Sie Pfälzisch?
Edition Babbelgosch

Ein ultimativer Test in 50 Fragen

Michael Konrad

Hardcover · 120 Seiten · 12 × 12 cm
ISBN 978-3-948880-06-4
12,80 Euro

Erhältlich bei Deinem Lieblings-Buchhändler und auf lipplerbookz.de

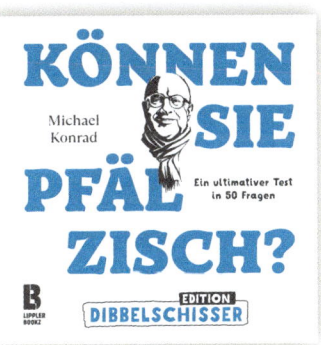

Können Sie Pfälzisch?
Edition Dibbelschisser

Ein ultimativer Test
in 50 Fragen

Michael Konrad

Hardcover · 120 Seiten · 12 × 12 cm
ISBN 978-3-948880-11-8
12,80 Euro

Können Sie Pfälzisch?
Edition Fuddler

Ein ultimativer Test
in 50 Fragen

Michael Konrad

Hardcover · 120 Seiten · 12 × 12 cm
ISBN 978-3-948880-12-5
12,80 Euro

Die komplette Reihe „Saach blooß" im großen Kompendium

Die Zeitungsserie „Saach blooß" ist ein lebendiges Sprachforschungsprojekt mit tausenden Mitmachern. Seit 2002 geht „Rheinpfalz-am-Sonntag"-Redakteur Michael Konrad Pfälzer Begriffen und Redensarten auf den Grund und lässt die Menschen zu Wort kommen. Seither wird diskutiert: über „Kennscht de Hilbert?" und „mit de Gääs gezackert", über „die Retsch" und „de Dollbohrer". Für dieses große Buch der Pfälzer Redensarten wurden alle Beiträge aus 20 Jahren gesammelt und überarbeitet. Mit 2.000 Einträgen im Stichwortverzeichnis und 258 Karikaturen von Uwe Herrmann.

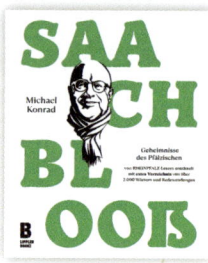

Saach blooß
Geheimnisse des Pfälzischen
Michael Konrad
572 Seiten · 20 × 24 cm
978-3-948880-05-7
39,90 Euro

Ich mään jo bloß – De Ding

In seiner wöchentlichen Dialektkolumne „Ich mään jo blooß" in der „Rheinpfalz am Sonntag" gibt Michael Konrad alles preis, was ihm an Seltsamkeiten durch den Kopf geht: Der Autor schaut hinter die Fassade der Pfalz und des Pfälzischen, sei es im Alltag oder auf der Suche nach dem tieferen Sinn von Politik und, ja, von Heimat. Die „Dannde Liesel", den „Kumbel Fred" und die verehrungswürdige „Mitbewohnerin" müssen Sie einfach kennenlernen!

Ich mään jo blooß – De Ding
Michael Konrad
120 Seiten · 12 × 19 cm
978-3-948880-13-2
19,99 Euro

**Wir lieben
Waldbaden für
Erwachsene**
978-3-948880-03-3
22,99 Euro

**Wir lieben
Waldbaden
für Familien**
978-3-948880-00-2
22,99 Euro

**Wir lieben
Waldbaden –
Übungskarten
für Familien**
978-3-948880-04-0
19,99 Euro

**Locals im Glück
Pfalz**
978-3-948880-02-6
19,99 Euro

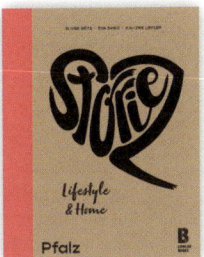

**Storiez Lifestyle
& Home – Pfalz**
978-3-948880-01-9
29,70 Euro

**Mutig ins
Glück**
978-3-948880-14-9
19,99 Euro

LIPPLER BOOKZ

Lipplerbookz Buchverlag GbR
Kai-Uwe Lippler & Anja Lippler
Friedensstraße 40
76855 Annweiler
Telefon 06346 9039689
hallo@lipplerbookz.de

Besuchen Sie uns digital:
www.lipplerbookz.de

Facebook: @lipplerbookz.de
Instagram: @lipplerbookz

Printed in Czech Republic

ISBN 978-3-948880-10-1

IMPRESSUM

AUTOR
Michael Konrad, Landau

KARIKATUREN
Uwe Herrmann, Obersimten
www.karikaturist.de

PROJEKTLEITUNG
Stefan Hitschler, Rhodt unter Rietburg

**KONZEPTION, GESTALTUNG
UND SATZ, PRODUKTION UND
PROJEKTMANAGEMENT**
Kaisers Ideenreich
Traminerweg 7
76835 Rhodt unter Rietburg
www.kaisers-ideenreich.de

COVERPORTRÄT
Diana Lazaru, Mannheim

KORREKTORAT
Andreas Lenz, Heidelberg

SCHRIFTEN
TT Phobos und TT Hoves von TypeType
Mrs Lollipop von Hipopotam Studio

PAPIERE
Garda Art Gloss 135 g (Umschlag)
Maestro Print 120 g (Vor- und Nachsatz)
Maestro Print 120 g (Inhalt)

VEREDELUNG
Forchheimer Folie Pearl (Umschlag)
Pantone 806 Neon Pink (Umschlag)

DRUCK UND VERARBEITUNG
Klimaneutral auf FSC® Mix-Papier
aus verantwortungsvollen Quellen
durch Finidr s.r.o., Český Těšín

HERZKERSCH

EDITION